ÉTUDES

SUR

L'ORGANISATION DES SERVICES PUBLICS

LE

RÉGIME PÉNITENTIAIRE

A L'EXPOSITION UNIVERSELLE DE 1878

(Pavillon du Ministère de l'Intérieur)

PAR

V. de HARAMBURE

Inspecteur général des Services administratifs du Ministère de l'Intérieur
Officier de la Légion d'honneur et de l'Instruction publique

IMPRIMERIE ET LIBRAIRIE GÉNÉRALE DE JURISPRUDENCE

MARCHAL, BILLARD ET Cie, IMPRIMEURS-ÉDITEURS

LIBRAIRES DE LA COUR DE CASSATION

Place Dauphine, 27, à Paris

1878

DU MÊME AUTEUR

Les Économistes contemporains : DOCTRINES ET PROFILS.

De la Protection et de ses Effets pendant un demi-siècle jusqu'aux Traités de commerce.

Les Possessions françaises du Nord de l'Afrique : POLITIQUE, ADMINISTRATION, RÉGIME ÉCONOMIQUE.

La Commission de la Chambre et le Régime pénitentiaire.

Du Pouvoir dirigeant en matière pénitentiaire.

De l'Aliénation mentale dans ses rapports avec la Loi pénale et le Régime pénitentiaire.

DOIVENT PARAITRE

De l'Indépendance nécessaire de l'Administration et du Contrôle dans les services de l'État.

L'Adjudication et le Marché de gré à gré dans les Entreprises pénitentiaires.

Paris. — Imp. Dubuisson et C°, rue Coq-Héron, 5.

ÉTUDES

SUR

L'ORGANISATION DES SERVICES PUBLICS

LE

RÉGIME PÉNITENTIAIRE

A L'EXPOSITION UNIVERSELLE DE 1878

(Pavillon du Ministère de l'Intérieur)

PAR

V. de HARAMBURE

Inspecteur général des Services administratifs du Ministère de l'Intérieur
Officier de la Légion d'honneur et de l'Instruction publique

IMPRIMERIE ET LIBRAIRIE GÉNÉRALE DE JURISPRUDENCE

MARCHAL, BILLARD ET CIE, IMPRIMEURS-ÉDITEURS

LIBRAIRES DE LA COUR DE CASSATION

Place Dauphine, 27, à Paris

1878

Au Protecteur et Conseiller de ma Jeunesse

A MONSIEUR FAUSTIN HÉLIE

Membre de l'Institut

Président a la Cour de cassation

Hommage de ma profonde reconnaissance

LE RÉGIME PÉNITENTIAIRE

A L'EXPOSITION UNIVERSELLE DE 1878

(Pavillon du Ministère de l'Intérieur)

La partie de l'Exposition du ministère de l'intérieur
qui se rapporte aux établissements pénitentiaires appelle,
moins peut-être que certaines autres, l'attention et l'étude
de la généralité de ses visiteurs. C'est que les pensées
qu'elle éveille, les résultats qu'elle montre, le passé qu'elle
évoque, l'avenir qu'elle découvre, se lient d'assez près à la
misère humaine pour que, presque d'instinct, bien des
yeux cherchent ailleurs un spectacle plus attrayant. Par
contre, certains regards s'y attardent ; ce sont ceux des
philosophes, des humanitaires, des penseurs, des hommes,
en un mot, qu'a pénétrés, sous une de ses formes multiples,
le souci de la question sociale ou simplement humaine.

Dans ce nombre d'objets accumulés, il n'en est pas un
seul, en effet, qui ne rappelle l'exercice d'un droit et la
réalisation d'un progrès. Le droit y éclate de lui-même :
c'est le droit de punir, droit éminemment social, s'expri-
mant par les lois pénales et les tribunaux chargés de leur

infliction, placé par son principe au-dessus de toute contes-
tation, ayant eu l'assentiment de tous les peuples, des
philosophes de tous les temps, des publicistes de tous les
partis, et dont la négation, si quelqu'un l'osait, serait
l'inutile contradiction de l'histoire dans ce qu'elle a de
plus positif.

Ainsi, ce dont s'éloignent certains yeux, ce que d'autres
recherchent dans cette partie de l'Exposition, n'est en
réalité que l'assemblage des moyens pratiques d'assurer le
droit de punir.

Mais aussi quels progrès accomplis, depuis un siècle,
dans le choix et l'application de ces moyens!

Le mouvement réformateur partit alors de l'Italie, fran-
chissant les Alpes et se répandant avec bruit dans le
monde civilisé. Il avait pour chef un privilégié de cette
époque étincelante de savoir et de luxe, un grand seigneur
qui n'avait pas dédaigné de penser et s'était soudainement
révélé un juriste, un philosophe, un écrivain. Il entraînait
à sa suite Voltaire, Mably, Rousseau, Morellet, Servan,
Condorcet, Brissot, les criminalistes anglais Williams
Blackstone et Richard Philipps, enfin l'immortelle Assemblée de 1789 elle-même, proclamant ce grand principe que
la peine de mort ne doit être que la suppression de la vie.

Le système de César Bonavita, marquis de Beccaria,
était celui de la défense sociale par le moyen direct des
peines, sans aller au delà de ce qu'exige cette défense. Les
économistes, les penseurs, les politiques, les écrivains de
la seconde moitié du dix-huitième siècle furent unanimes
à accepter la formule du grand publiciste italien; mais le
dix-neuvième siècle lui opposa, dès sa seconde année, le
système « utilitaire » et « d'intimidation » de l'Anglais
Bentham, aussi cru et impitoyable dans ses formules du
problème de la répression pénale que son compatriote

Malthus dans celles du problème de la population et de la richesse. Jérémie Bentham avait osé dire que le mal de la peine devait être supérieur au profit du délit. Ensuite apparurent le système « préventif » de Target; celui de la « justice morale » de MM. Rossi et Guizot; le système de la « défense indirecte » de MM. Pastoret et Charles Lucas, etc. Le système préventif de Target est celui, de tous, qui a donné le plus à nos lois pénales.

Si nous avons énuméré ces divers systèmes, ce n'est pas, qu'on le croie bien, dans la pensée de prendre parti pour un d'eux et moins encore de faire parade d'une vaine érudition, mais simplement pour apprendre à ceux qui l'ignorent que cette exposition pénitentiaire, à laquelle peut manquer pour beaucoup le *great attraction*, résume, néanmoins, des efforts intellectuels peu ordinaires, des merveilles de patience, des labeurs de bénédictin, des actes de foi vive et de dévouement humain issus des hommes les plus éminents dans les sciences morale, juridique et d'administration de tous les pays.

Ce qui a été écrit sur ces difficiles sujets ne tiendrait certainement pas dans le local affecté à l'exposition entière du ministère de l'intérieur; il ne saurait donc entrer dans notre pensée de nous faire le chroniqueur d'une pareille légende, mais nous pouvons en relever historiquement les parties propres à notre pays, rapprocher le passé du présent par l'étude attentive des objets exposés, constater l'importance des résultats déjà obtenus et espérer davantage encore des mystérieuses réserves de l'avenir.

I

Héritière des efforts et du génie humanitaire de Grotius, Montaigne, Lamoignon, Montesquieu, Beccaria, la grande Assemblée de 1789 devait jeter bas l'édifice des pénalités rigoureuses que les règnes de François Ier et de Louis XIV, glorieux à d'autres titres, n'avaient pas su ou osé faire disparaître. On avait, avant elle, suffisamment fouetté, pendu, strangulé, roué, décollé, écartelé. Elle ordonna donc une nouvelle codification des peines et, comme prologue de cette mesure, elle abolit à jamais, quelle qu'en fût la forme, l'unique et funèbre égalité des vieux temps de privilège, la question, sous laquelle avaient été uniformément courbés, sans distinction d'origine ou de rang, pour les causes les plus diverses, en 1536, Sébastien de Montecuculli, échanson du Dauphin, coupable d'avoir servi un verre d'eau glacée à son maître ; en 1539, Jacques Stuart, parent de la reine Marie ; en 1574, Montgommery, l'involontaire tueur du roi, payant sa gloire de général huguenot ; en 1645, le grand-écuyer Cinq-Mars ; en 1676, l'empoisonneuse et marquise de Brinvilliers ; en 1721, le voleur Cartouche ; en 1757, le régicide Damiens, et combien d'autres ! Réglementées par saint Louis, en 1254, dans un édit plus cruel que les lois germaniques, maintenues par Louis le Hutin, Charles VIII, Louis XII, amoindries par Louis XVI, ces horreurs avaient légalement duré plus de cinq siècles.

En même temps, l'Assemblée nouvelle posait le principe de la séparation des pouvoirs. Par application de ce principe, le décret consécutif des 22 décembre 1789-janvier 1790 plaça les établissements pénitentiaires et, par suite, l'exécution pénale dans les attributions des corps administratifs. La loi du 10 vendémiaire an IV, le décret de Moscou du 21 septembre 1812, les ordonnances de 1817, 1818, 1819 et 1843 maintinrent cette situation, de laquelle est résulté jusqu'à nos jours pour le ministère de l'intérieur, avec un labeur incessant, l'honneur de progrès indéniables auxquels ont rendu justice, dans leurs dépositions publiques, leurs discours ou leurs écrits, les penseurs et les humanitaires de divers pays, tels que MM. Nicotera, ministre de l'intérieur du royaume d'Italie ; Stevens, inspecteur général des prisons de Belgique ; Beltrami Scaglia, directeur général des prisons d'Italie ; le docteur Wines, des Etats-Unis, organisateur du congrès de Londres, etc.

Si couverte par la raison et le droit que fût, à son origine, cette remise des services de répression au ministère de l'intérieur, si justifiée qu'elle ait pu l'être depuis par les efforts tentés et les améliorations obtenues pendant plus de trois quarts de siècle, il convient de dire ici, pour rester fidèle à l'histoire, que, dans ces derniers temps, la dévolution de ces services à la chancellerie a été demandée par quelques éminents esprits avec une ardeur et une persistance dignes d'une meilleure cause. Déjà posée devant le Parlement en 1847, la question avait été repoussée par une commission qui avait élu pour son rapporteur M. le président Bérenger, et dont l'unique survivant était, il y a peu de jours encore, M. le procureur général Renouard.

La commission de la Chambre des Pairs avait écarté cette dévolution par divers motifs dont quelques-uns sont à rappeler : d'abord la possibilité entre deux pouvoirs opposés d'une confusion que notre ordre politique interdit, ensuite l'appréhension que le pouvoir qui avait instruit, jugé, condamné, ne fût, malgré lui, disposé à plus particulièrement aggraver, vis-à-vis de certains détenus, la sévérité de la détention ; enfin, parce que les actes d'un ordre tout matériel, marchés, constructions, nourriture, travail, qui sont de l'essence de l'autorité administrative, échappent, à la fois, aux aptitudes et aux pratiques du pouvoir judiciaire (1). Ces deux dernières raisons laissaient visiblement, sans qu'il l'exprimât, percer chez M. le président Bérenger la crainte que la dévolution ne diminuât, au lieu de les accroître, le prestige de la justice et le respect de ses membres. Ceux-ci, du reste, ne l'ont pas compris autrement, lorsque vingt-cinq ans plus tard, en 1872, les cours d'appel ayant été consultées par la commission de Versailles, leur majorité se prononça contre le déplacement d'autorité en matière pénitentiaire.

La révolution de 1848 avait arrêté le débat engagé devant le Parlement ; celle du 4 septembre 1870 devait le faire revivre. Un projet de dévolution des services pénitentiaires à la justice, longuement établi par un haut fonctionnaire de la chancellerie, — sans que le garde des sceaux, il faut bien le dire, en eût grand souci, — laissé, pour étude, aux mains du secrétaire général de l'intérieur aujourd'hui M. le sénateur Cazot, fut finalement soumis par ce dernier à l'examen du membre le plus en vue de la délégation gouvernementale, alors chargé des ministères de l'intérieur et de la guerre. Après l'avoir lu, M. Gambetta le repoussa. Quelque chose, dans ce projet, lui rappelait-il le vieil esprit des Parlements ou devinait-il, ce qui est plus probable, les objections si graves que soulèverait son application ? Quoi qu'il en soit, le silence se fit.

Deux ans plus tard, à la commission parlementaire élue sur la proposition de M. d'Haussonville, les discussions

---

(1) Chambre des pairs, séance du 24 avril 1847.

recommencèrent ; elles se sont continuées jusqu'à ce jour, les mêmes mains portant les mêmes couleurs opposées, par pétitions, par journaux, par brochures, par notes, par discours, par grands et petits conclaves. Elles ne prendront et ne pourront en réalité prendre fin qu'à la suite d'un acte du Parlement, parce que, en 1878 comme en 1847, agitée sous le drapeau des projets de réforme pénitentiaire, la question de dévolution reste la même. Placés, en effet, par la loi organique, en vertu du principe de la séparation des pouvoirs, dans le lot administratif, les établissements pénitentiaires ne peuvent en sortir qu'en vertu d'une « loi » et d'une loi « consciente », c'est-à-dire de celles dont le but est parfaitement accusé d'avance et qui se forment en pleine lumière du Parlement. On comprendrait mal, d'ailleurs, que dans un sujet de cette importance, la solution pût découler d'un décret présidentiel auquel un vote du budget donnerait plus tard la sanction et le caractère de la loi. Ce ne serait digne ni de la question ni des hommes.

Nous avons dit plus haut que l'Assemblée nationale avait ordonné une nouvelle codification des peines. Elle eut lieu par trois décrets qui formèrent le code de 1791. Le système pénal de ce code où apparaît, pour la première fois, l'élément répressif de l'emprisonnement, semble fondé sur l'amendement du coupable par le repentir et sur la réparation de la faute en vue de la réhabilitation. La loi consécutive du 3 brumaire an IV apporta peu de modifications au système pénal et pénitentiaire de 1791. Il en fut autrement du code de 1810 appliquant à outrance, avec une profusion critiquable, la peine de mort, les peines afflictives et infamantes et rétablissant la confiscation. C'était, par ce premier point, une marche en arrière, mais d'une autre part le législateur de 1810 se montrait

plus avancé que le code de 1791 en laissant aux magistrats, dans les limites d'un minimum à un maximum de
la peine, l'appréciation morale de l'acte incriminé et celle
de l'agent puni. Les rigueurs de la loi pénale de 1810
devaient, du reste, trouver des atténuations nécessaires
dans les textes modificatifs de 1824, 1832 et 1863.

Une distinction domine les dispositions répressives du
code de 1810 et des lois consécutives ; c'est celle des
peines en peines criminelles, correctionnelles et de
police. Par voie de conséquence, chacune de ces diverses
catégories, — parfois divisée elle-même, — a dû avoir
ses lieux et ses modes particuliers d'exécution. Il serait
superflu de parler ici de l'exécution toujours insigni-
fiante des peines de simple police, de la déportation qui
se subit hors du territoire continental, de la détention
appliquée dans une enceinte fortifiée, des travaux forcés
dont le nouveau mode d'exécution, — après avoir donné
naissance à un livre plein d'érudition, d'intérêt et de
technisme, celui de M. Michaux, directeur des colonies (1),
dont il est difficile de ne pas rester le partisan, — a provoqué
les critiques opposées d'hommes de beaucoup de valeur,
voyant, les uns, dans la transportation un péril social
fondé sur la facilité des récidives, les autres, une pé-
rilleuse et sentimentale illusion. Quant à nous, nous parlerons simplement de l'emprisonnement correctionnel et
de la réclusion, ainsi que des établissements qui leur sont
propres, puisque ce sont eux qui, avec les pénitenciers
de la Corse, les colonies de jeunes détenus et les essais de
patronage, ont produit les faits, amené les questions, provoqué les études et finalement déterminé les résultats
qu'a placés sous nos yeux l'exposition pénitentiaire spéciale au ministère de l'intérieur.

____

(1) *Étude sur la question des peines,* par M. Michaux,

II

La loi pénale de 1810, dans ses articles 40 et 21, avait décidé que les condamnations à l'emprisonnement seraient subies dans une maison de correction, et les condamnations à la réclusion dans une maison de force. Cet isolement, l'une de l'autre, de deux catégories d'individus frappés à raison de faits d'une gravité différente, impliquant par suite des responsabilités inégales, était logique et juste. La pratique, néanmoins, ne tarda pas à les confondre, cachant son infraction sous ces mots génériques : « Maison centrale de force et de correction, » uniformément inscrits au-dessus du seuil de chacun de nos grands établissements de répression. Cette promiscuité transgressive de la loi, et aggravante de la peine pour toute une catégorie de détenus, a pris fin depuis peu de temps, au grand honneur des ministres qui se sont succédé au département de l'intérieur depuis 1872, de M. Victor Lefranc à M. de Marcère. Le dernier acte, en cette matière, est dû à l'initiative du ministre actuel, qui a transformé, par une récente disposition, l'établissement de Thouars en une maison centrale pour les condamnés à long terme.

Cette idée de retenir les condamnés à longue peine dans un même établissement et d'avoir ainsi un vaste champ d'étude assuré pour les essais pénitentiaires de nature diverse : discipline, moralisation, travail, culture intellectuelle, etc..., est une idée incontestablement heureuse, issue d'un esprit élevé, et qui ne saurait rien avoir de commun avec la cruelle parole de ce médecin proposant à un de ses confrères une dangereuse expérience *in animâ vili* d'un pauvre hère. Le hère, qui n'était autre, on le sait, que François Muret, le célèbre poète latin du seizième siècle, répondit vertement et s'enfuit à Rome, où la hauteur de son enseignement et l'amitié du cardinal d'Este devaient le conduire, avec la prélature, à la possession des plus riches prébendes. Heureusement, notre société moderne n'a pas en réserve de pareilles formules. Si elle séquestre pour un temps, par raison d'exemple, ceux qui méconnaissent la loi positive, elle ne les mutile pas ; elle s'efforce, au contraire, de les rendre à la vie libre, plus cultivés, plus moraux, plus laborieux et, par suite, plus forts contre le mal.

Le législateur de 1810 n'ignorait pas la valeur de ces influences diverses. C'est pour cela qu'après avoir protégé, par le texte de l'article 614 du code d'instruction criminelle, la personne du détenu contre la violence des agents chargés de sa garde, il imposait aux condamnés, par les articles 40 et 21 déjà cités du code pénal, l'obligation du travail, sous la réserve de la détermination à faire par un règlement ultérieur de la part qui leur reviendrait dans ses produits. Comment cette répartition si nécessaire et si juste n'a-t-elle pénétré d'une manière complète, dans le fonctionnement légal des établissements de répression, que trente-quatre ans plus tard, en vertu de l'arrêté ministériel du 17 mars 1844, rendant applicable aux prisons départementales l'ordonnance de 1843 ? Nous l'ignorons, et cela, du reste, serait oiseux à rechercher. Entré dans les prisons, le travail s'y est maintenu, devenant, avec la règle du silence, le principe essentiel, — nous allions dire générique, — de toutes les améliorations qui ont suivi. La répartition de ses produits s'opère au moyen de dixièmes qui se divisent entre le condamné et l'État. Le nombre de dixièmes revenant au condamné varie suivant la catégorie pénale à laquelle il appartient et les peines qu'il a précédemment subies, sans que jamais néanmoins le produit de son travail puisse lui être complétement retenu ; il doit au moins conserver un dixième. En outre, des dixièmes supplémentaires sont accordés dans une certaine mesure à ceux des détenus qui se font remarquer par leurs efforts laborieux. Les prévenus et accusés n'étant pas astreints à l'obligation du travail, reçoivent, quand ils s'y livrent, les sept dixièmes de son produit.

La part revenant aux détenus s'appelle le « pécule » ; il se subdivise en pécule « disponible » et pécule de « réserve ». Ce dernier, remis au condamné à sa sortie, assure ses premiers pas dans la vie libre ; l'autre lui est un moyen d'améliorer sa situation matérielle pendant la durée de l'expiation.

On comprend, par ces quelques lignes, toute l'importance du travail et la légitime sollicitude qu'apporte à son maintien le ministère de l'intérieur. Quand les établissements sont administrés par voie de régie, — et il y en a peu, — l'État se charge de prévenir les chômages ; dans le système des entreprises, les cahiers des charges imposent, il est vrai, aux bénéficiaires, l'obligation d'assurer le travail à tous les condamnés, mais les pénalités pécuniaires qui doivent être la sanction effective de cette obligation restent presque invariablement, pour une cause ou une autre, à l'état de lettre morte. Il en résulte que les entrepreneurs, couverts ou à peu près dans les petits établissements par le prix de journée que l'État leur paye, l'abandonnant même parfois à des sous-traitants, y négligent le travail et se bornent à concentrer au chef-lieu du département tous leurs efforts de production ;

ce qui n'empêche pas, d'ailleurs, les bénéficiaires des entreprises de se proclamer, à l'occasion, des humanitaires incompris, des citoyens vertueux et calomniés.

Ce sentiment n'était pas tout à fait celui de la commission pénitentiaire de Versailles, lorsque quelques-uns de ses membres disaient que « l'entrepreneur ne saurait jamais être qu'un spéculateur qui cherche fort légitimement à s'enrichir, mais qui peut être tenté d'avoir recours à des moyens illicites, s'il est déçu dans ses espérances » (1).

Ce n'était pas non plus le sentiment de M. le ministre de l'intérieur rappelant, par une récente circulaire (2) aux chefs des départements, l'inconvénient des intermittences dans le travail des prisons, la faculté pour l'administration d'y pourvoir d'office au compte des entrepreneurs, et le droit ouvert aux préfets de frapper ces derniers d'amendes dont les conditions et le chiffre variables sont déterminés par les articles qu'elle mentionne au cahier des charges.

Il nous paraît inutile d'insister sur le poids de ces deux opinions.

---

(1) Enquête parlementaire, tome VI, page 197

(2) Circulaire du 2 juillet 1878.

III

Après avoir créé les peines, prescrit leur mode d'exécution et décrété le travail, le législateur devait se préoccuper du régime intérieur des lieux de répression. Il se trouvait indiqué par la nature même des bâtiments qu'on y avait dès l'abord affectés. C'étaient, pour la plupart, d'anciens biens de main-morte, de vieilles abbayes, des ruines seigneuriales, que la Révolution avait assez indistinctement jetés aux mains de l'État, des départements et des communes. Avec de tels éléments, le régime en commun pouvait seul être appliqué. Il le fut, en effet, jusqu'aux dernières années du gouvernement de Juillet, où les systèmes d'Auburn et de Philadelphie impliquant, l'un, la séparation de jour, l'autre, l'isolement absolu de jour et de nuit, firent leur entrée dans les controverses. Il s'ensuivit quelques applications, assez restreintes d'ailleurs, de chacun de ces systèmes; puis, quelque peu par indifférence de ces importations étrangères, davantage par raison d'argent, on revint, sans trop de bruit, au régime en commun. Les départements s'en montrèrent ravis, et, pour n'être pas grevés de constructions nouvelles commandées par des effectifs de population chaque jour plus nombreux, ils s'empressèrent, comme à Bordeaux, dans l'historique fort du Hâ, devenu prison départementale, de jeter à terre toutes les cellules pour obtenir de plus grands dortoirs en commun.

Mais, d'autre part, cette augmentation progressive de la criminalité, commune, hâtons-nous de le dire, à tous

les États civilisés, devait avoir pour conséquence de por-
ter, en France comme ailleurs, l'attention du Gouvernement sur un examen plus approfondi des institutions pénitentiaires. La commission d'enquête de 1869, éteinte
avec les événements de la guerre, et la commission parlementaire de 1872, sortirent l'une et l'autre de cette
nécessité. En même temps et comme pour mieux montrer
que le mal dont souffrait notre pays ne lui était pas propre,
eurent lieu à Cincinnati et à Londres, deux congrès sur
les sujets pénitentiaires.

Les travaux de la commission de 1872 ont duré jusqu'aux derniers jours de l'Assemblée nationale elle-même.
S'ils ont eu, pour suprême expression publique, la loi en
neuf articles du 5 juin 1875, il ne faudrait pas en conclure
que ce long effort n'a abouti qu'à de chétifs résultats.
Une telle pensée serait à peine digne de l'esprit le moins
ouvert. Lorsqu'on aperçoit, en effet, au milieu des merveilles du Champ de Mars, sur les rayons réservés au
ministère de l'intérieur, les magnifiques in-quarto sortis
des presses de l'Imprimerie nationale, qui résument les
travaux de la commission et qu'on les parcourt, non par
entrain professionnel ou par devoir d'écrivain, comme
nous l'avons fait nous-même, mais simplement à titre de
curieux, on est frappé du nombre des documents recueillis,
de leur valeur indéniable, des discussions qu'ils ont provoquées, de l'intérêt inattendu qu'éveillent ces sombres
questions et, par dessus tout, de l'immense labeur accom-
pli par la commission de Versailles. Ce recueil restera
comme sa véritable couronne.

Quant à la loi du 5 juin, si elle n'a été qu'un drapeau
fièrement planté par ses auteurs à l'avancée des idées
nouvelles de réforme, nous la comprenons ; par un tout
autre côté, elle paraît discutable, et si la commission qui

l'inspira a cru devoir, avant de se séparer, donner au pays, par l'édiction d'un texte, la preuve de son labeur, elle s'est trompée. Le cadre des études parcourues avait été assez vaste pour que le temps fît défaut aux conclusions; personne en France ne l'ignorait, et il eût été plus grand peut-être d'imiter de loin l'Assemblée géante de 1789, léguant la mise en mouvement de son œuvre à la génération parlementaire qui allait suivre. L'article final de la loi du 5 juin a bien essayé quelque chose dans ce sens en décidant la création d'un conseil supérieur des prisons auprès du ministre de l'intérieur, « pour veiller, d'accord avec lui, à l'exécution de la loi. » Mais, outre que le mandat imparti dans ces termes est fort restreint, ce qui ne veut pas dire que le conseil se maintienne dans ses limites, il est bien certain que la nouvelle Assemblée, malgré l'incontestable supériorité de quelques-uns de ses membres et la distinction de tous, sera forcément inférieure, non point seulement par la puissance de son crédit devant l'opinion et le pays, mais encore par la hauteur de ses discussions, à une grande Assemblée parlementaire ou même à une émanation élue du Parlement.

La loi du 5 juin détermine le régime nouveau des inculpés, prévenus et accusés, et celui des condamnés à l'emprisonnement. Les prévenus et accusés « doivent » être individuellement séparés pendant le jour et la nuit.

L'emprisonnement individuel « doit » être également appliqué aux condamnés à un emprisonnement d'un an et un jour et au-dessous. On voit que ces deux premières dispositions sont obligatoires; celle qui suit est facultative : les condamnés à un emprisonnement de plus d'un an et un jour « pourront », sur leur demande, être soumis à l'emprisonnement individuel.

Les peines, dans ce cas, « seront » réduites d'un quart. La « réduction » ne sera admise que pour les peines de trois mois et au-dessus.

Telle est, en ce qui touche les personnes, la lettre de la loi du 5 juin ; les autres dispositions règlent les moyens financiers de sa mise en jeu. Sur ce dernier point, les difficultés seront nombreuses et les mécomptes menacent d'être graves. Il ne saurait, au surplus, entrer dans notre cadre d'examiner si les transformations et les reconstructions en vue de l'emprisonnement individuel, impliquent une dépense approximative de 60, 100 ou 150 millions, comme on l'a écrit ; s'il faudra 75 ans et même un siècle pour accomplir le programme tracé par la loi du 5 juin ; si les conseils généraux seront refractaires, et dans quelle proportion, au vote des crédits nécessaires ; s'il est exact que, suivant les lieux où il sera détenu, un prisonnier puisse coûter à l'État mille, douze cents et même quinze cents francs par an, etc. ; tout cela est possible et peut l'être moins ou plus qu'on ne l'a dit. Qu'importe ? Pour nous, la question n'est pas là. Comme Savonarole disant à ses juges, bien près de devenir ses bourreaux, qu'il était pour l'Église militante, nous sommes, nous, pour les revendications incessantes et légitimes du progrès humain, quelle que soit sa nature ou sa forme ; nous sommes donc, au point de vue pénitentiaire, pour que, dans la prévention et l'expiation, l'avenir se montre supérieur au présent, comme le présent est meilleur que le passé ; nous sommes pour les considérations de salut social qui prescrivent de soustraire aux dégradations du régime en commun, aux défaillances morales qu'il provoque, aux dangers de tout ordre qu'il prépare, les deux cent mille hôtes annuels des lieux de prévention ou de correction, y restant plus ou

moins de temps et ne s'en éloignant jamais que gangré-
nés ou salis.

Et puisque la loi, transitoire, selon nous, du 5 juin se
trouve faite, nous disons que le mieux à présent est d'en
tirer le plus grand nombre d'applications, sauf à s'arrêter
lorsqu'il ne sera plus possible d'aller au delà. Dans l'inter-
valle, grâce aux penseurs et aux humanitaires, grâce aux
livres qui transportent partout l'idée utile née quelque
part, grâce aux conférences pénitentiaires qui se multi-
plient, on trouvera certainement et vite peut-être, appuyée
sur d'autres textes, une mise en pratique de l'isolement aussi
assurée, moins onéreuse et, par suite, plus générale que
celle qui découle de la loi du 5 juin. Quant aux résultats
obtenus par cette dernière, si limités dans leur nombre
qu'ils puissent être, ils ne resteront pas moins une précieuse
conquête sur les tristesses de l'état actuel.

IV

C'est en vue de cette application de la loi du 5 juin qu'ont été faits trois projets de prisons cellulaires exposés par MM. Vandremer et Normand. Nous n'apprendrons à personne quel est le mérite de ces auteurs ; mais nous pouvons dire que l'un d'eux, M. Normand, talent de premier ordre et savant modeste, grand prix de Rome, qui releva la Colonne et restaura l'Arc de Triomphe, auteur de la maison pompéienne de l'avenue Montaigne que tout Paris artiste connait et visita, se trouve, à titre d'inspecteur général, chargé des bâtiments pénitentiaires et que sa compétence en ces matières est, par suite, indéniable.

Le premier projet exposé est celui d'une prison de 23 cellules, 18 pour les hommes, 5 pour les femmes ; le second, d'une prison de 55 cellules, 43 pour les hommes, 12 pour les femmes ; le troisième d'une prison de 198 cellules, 158 pour les hommes, 40 pour les femmes. Ce dernier a plus particulièrement fixé nos regards parce que, si bizarre que paraisse la chose à première vue, les chances d'exécution pour ce projet fort onéreux sont bien plus grandes que pour ses deux proches qui coûteraient incomparablement moins. C'est que, en réalité, l'application de la loi du 5 juin, accessible aux grands budgets départementaux, est et sera le plus souvent un luxe interdit à la généralité des autres.

A côté de ces plans, images très réussies du fonctionnement pénitentiaire, se place sa réalité la plus parlante, la cellule-modèle, de grandeur naturelle, établie suivant le programme ministériel du 17 juillet 1875. Elle tente visiblement la curiosité, et comme on est très sûr d'en sortir, chacun s'empresse d'y entrer. C'est une petite construction quadrangulaire que surmonte, à l'étage supérieur, une construction semblable poussée presque jusqu'à mi-corps, et dans l'avancée de laquelle figure un balcon. A part cette dernière particularité, indispensable pour l'indication de la galerie par laquelle on accède à la cellule du haut, les deux petites installations doivent être identiques. L'œil du visiteur le devine aisément.

La cellule mesure 4 mètres de longueur sur 2 mètres 50 de large et 3 mètres de hauteur; sa capacité est donc de 30 mètres cubes d'air. Elle représente une unité dans l'aménagement d'une prison départementale installée pour au moins cent détenus et munie des appareils de distribution pour l'eau et le gaz. On voit, en effet, un branchement du tuyau de gaz descendre à droite dans l'intérieur de la cellule, pendant que, à gauche, on aperçoit deux tuyaux destinés à l'entrée et à la sortie des eaux.

La porte de la cellule a 2 mètres de hauteur sur 75 centimètres de largeur; elle est munie d'un regard de surveillance et d'un guichet de distribution.

La fenêtre fait face à la porte et mesure 1 mètre 20 de largeur sur 70 centimètres de hauteur; elle est élevée de 2 mètres au-dessus du sol, établie au moyen de palettes mobiles en verre cannelé et s'ouvre ou se ferme, suivant la volonté du détenu, au moyen d'une tringle placée à l'intérieur d'un tube métallique.

La couchette en fer et ses fournitures, — natte de jonc, matelas, traversin, drap, couverture de laine et couvre-pied en hiver, — sont relevées le jour et fixées contre le mur de gauche de la cellule. Une tablette formant, par le côté opposé, un tableau noir pour le calcul ou l'écriture et mesurant environ 60 centimètres carrés, est fixée en face du lit et sert de table au détenu, pour lequel une chaise a remplacé le légendaire tabouret de bois.

On aperçoit aussi, pour les besoins naturels, un appareil mobile glissant sur des coulisses qui le ramènent à une niche placée dans l'intérieur du mur et munie d'un tuyau d'aération; en arrière se trouve une trappe pour enlever du dehors l'appareil mobile.

L'éclairage se fait au moyen d'un bec à découvert dont le prisonnier peut ouvrir un robinet pendant qu'un second, placé à l'extérieur, reste à la disposition du gardien.

Le chauffage s'opère, au gré du détenu, à l'aide d'une ventouse disposée sur la caisse en tôle, à couvercle mobile, qui renferme les tuyaux du calorifère. Cette caisse se trouve aménagée dans la longueur du mur faisant face à la porte de la cellule.

Enfin une sonnerie met, dans des conditions très-ingénieuses, le prisonnier, lorsqu'il le désire, en rapport immédiat avec la surveillance.

Les objets à l'usage journalier du détenu, disposés à l'angle de la cellule, à droite de la porte d'entrée, se composent d'une gamelle avec couvercle en fer battu, d'un gobelet, d'une cuillère et d'une fourchette de même métal, d'un couteau arrondi, rangés sur la tablette inférieure d'une étagère. Sur la tablette supérieure se rencontrent l'encrier, la plume, la règle et le crayon; enfin, sur divers points, on accroche au mur les objets servant à la propreté.

D'autre part, sur les parois de la cellule, se trouvent divers tableaux, très-dignes d'attention pour le détenu, tels que l'inventaire des objets garnissant le local et dont il prend charge; le tarif des vivres de cantine et de certains objets supplémentaires, les règlements et tarifs d'industrie, le catalogue de la bibliothèque, la liste des membres de la commission de surveillance, celle des membres de la Société générale de patronage, ayant les uns et les autres, à raison de leur qualité, un libre accès auprès du détenu; une instruction sommaire et très bien faite sur les obligations et les avantages de l'institution du patronage; l'indication du tour de rôle des visites faites au détenu par le directeur, l'inspecteur, l'aumônier, le médecin et le gardien chef de la prison, chaque prisonnier devant être vu chaque jour par une de ces personnes et quelquefois par deux, sans compter la visite obligatoire du gardien des cellules et du contre-maître de l'industrie à laquelle est occupé le prisonnier, — enfin le tableau de discipline de l'établissement.

Ce dernier, dont les dispositions n'existent encore qu'à l'état provisoire et comme moyen d'étude, a, pour le visiteur ainsi que pour le détenu, un véritable intérêt. Nous y avons remarqué une innovation particulièrement heureuse, le « capuchon » en étamine de fil que le prisonnier rabat sur sa figure lorsqu'il entend ouvrir la porte de sa cellule ou qu'il est appelé pour quelque motif dans l'intérieur de la prison. Lorsqu'il sort, il doit, en outre, placer sur sa poitrine, suspendue à un cordon, une plaque mobile au milieu de laquelle est répété le numéro de sa cellule qui sert invariablement à le désigner. Jamais ainsi son nom ne sera prononcé à haute voix, jamais son visage ne sera vu d'un de ses compagnons et, lorsque l'expiation aura sonné sa dernière minute, le condamné rentrera dans la vie libre, sans crainte, pour l'avenir, de ces reconnaissances funestes qui sont le chemin presque fatal des récidives, lorsqu'elles ne deviennent pas, de temps à autre, celui de l'échafaud.

Il nous souviendra toujours d'avoir entendu, les larmes dans la voix, un coupable, admirablement doué quant aux facultés de l'esprit, dire à ses juges : « Une faute de jeunesse, sévèrement punie, m'avait conduit en prison : le repentir et le travail m'avaient relevé jusqu'au succès. Un homme m'a reconnu; je lui ai fait tout le bien en mon pouvoir ; il m'a fait en échange souffrir mille morts par ses menaces sans fin de divulguer mon passé. Je l'ai tué avec préméditation; aujourd'hui je suis prêt à mourir.» Le jury le lui refusa et il fit bien, croyons-nous, mais la société fait mieux encore en opposant à de telles éventualités, si rares qu'on les suppose, des moyens assurés de prévention.

V

En ce qui touche les maisons centrales, l'exposition pénitentiaire présente des résultats dont la valeur mérite aussi d'être citée. Disons néanmoins, tout d'abord, qu'aucune disposition légale nouvelle édictée par le Parlement et rappelant la lettre ou l'esprit de la loi du 5 juin, n'a pénétré encore dans le fonctionnement traditionnel de ces établissements. Ce n'est pas que la commission parlementaire de 1872 ne leur ait donné une large part dans son enquête, mais elle n'a pu conclure par un texte légal à leur réforme : le temps, nous l'avons dit d'ailleurs, lui faisait défaut, et, de plus, les circonstances économiques que traversait le pays n'étaient pas telles qu'on pût songer, avec quelques chances de succès, à la réorganisation absolue de nos institutions pénitentiaires. Au point de vue budgétaire, la loi du 5 juin a déjà visé très haut ; qu'eût-il été, dans un pareil ordre d'idées, de dispositions semblables relatives aux plus grands établissements de répression ?

Le bien, néanmoins, dans ce qu'il avait de possible, a été fait et reste dû à l'initiative du ministère de l'intérieur, dont on voit encore l'œuvre, sur ce point, à l'exposition spéciale. L'objet capital, en cette matière, est le plan en relief du quartier des détenus aliénés et épileptiques établi à la maison de Gaillon.

La création de ce quartier spécial est due à l'insuffisance de la loi des 30 juin et 6 juillet 1838 sur les aliénés, restée incomplète malgré sa longue élaboration et le talent incontesté de ses deux éminents rapporteurs, MM. de Barthélemy et Vivien. Pendant, en effet, que l'article 24 de cette loi dispose que, dans aucun cas, les aliénés ne pourront être conduits avec les condamnés et les prévenus, ni déposés dans une prison, les préfets des départements ordonnent chaque année, en vertu de l'article 18, le placement d'office, dans des asiles publics ou privés destinés aux aliénés ordinaires, d'un certain nombre de détenus enlevés, en raison de leur état mental, aux établissements de répression. Une telle juxtaposition, qui blesse manifestement la logique, constitue encore une grave atteinte aux principes d'équité et de morale. Pourquoi donc imposer à des aliénés honnêtes le contact de ces dépravés, et, d'autre part, est-il bien certain que la confusion de ceux-ci avec leurs camarades de détention ne produirait pas des résultats encore plus fâcheux ?

Enfermés dans ce cercle, les médecins légistes et les savants en physiologie morale, MM. Falret, Mundy, Lunier, Brière de Boismont, Parchappe, Foville, Hurel, en sont sortis par des issues diverses, les uns combattant la création d'asiles spéciaux pour les aliénés soumis à la détention judiciaire, d'autres les défendant avec ardeur, et un troisième groupe, celui des éclectiques, se montrant plus favorable à la création de quartiers d'aliénés annexés aux maisons centrales. Nous ne surprendrons personne en disant que la Grande-Bretagne a déjà, depuis longtemps, trois de ces asiles, celui de Broadmoor, en Angleterre, celui de Drumdrum en Irlande, et un troisième annexé à la prison de Perth en Écosse. Le « Lunatic criminal asylum » de Broadmoor est destiné à 500 détenus aliénés des deux sexes, sans acception de catégorie pénale.

Il est à croire que notre pays n'aura jamais besoin pour les siens d'une pareille réserve.

Le ministre de l'intérieur s'était arrêté à la création de deux quartiers d'aliénés annexés à des maisons centrales d'hommes et de femmes. Le quartier de Gaillon avait été désigné pour les hommes ; il devait en outre recevoir les détenus épileptiques avec accès violents et répétés, omis par la loi de 1838, et qui deviennent, sinon invariablement, au moins dans la proportion d'un huitième, des aliénés très réels et non d'habiles simulateurs, comme on s'est parfois trop pressé de le croire.

Le plan en relief du quartier d'aliénés et d'épileptiques est la représentation fort exacte et animée d'un original coquettement appuyé sur une colline et dont la façade, qui regarde l'est, mesure une longueur de 150 mètres. Lorsqu'on suit, à partir des Andelys, la charmante route de voitures qui, par plusieurs de ses points, surplombe la Seine et conduit à la noire petite ville de Gaillon, l'œil découvre tout à coup un ravissant paysage, dans lequel les constructions blanches, couvertes de tuiles rouges, se marient à des espaces libres assez étendus et que surmonte une couronne d'arbres séculaires dont l'ombre, en se prolongeant, va se perdre dans la vallée. Ce riant séjour est celui de la misère humaine dans sa forme la plus redoutable et la plus triste, l'inconscience de soi, l'irresponsabilité, l'animalité presque : c'est le quartier d'aliénés.

Les conditions d'hygiène y ont été fort heureusement établies sous l'œil attentif et d'après les laborieuses observations de M. l'inspecteur général Constans, du service de santé. En dehors des divisions affectées aux catégories diverses,—épileptiques, déments malpropres, tranquilles, convalescents, demi-tranquilles, agités, — un pavillon, situé au nord, à côté du bâtiment principal, et renfermant quelques cellules à fenêtres hautes, est destiné aux plus difficiles des agités.

L'établissement renferme, d'ailleurs, tout ce qui convient au but pour lequel il a été créé : salles de bains, salles d'hydrothérapie, infirmeries pour les diverses catégories de sujets, infirmerie spéciale pour les maladies contagieuses, chapelle, réfectoires, cellules avec préaux, réservoir et conduites d'eau, ateliers industriels, salles et appareils de gymnastique, enfin un enclos de trois hectares dans lequel les détenus peuvent être appliqués aux travaux de la terre. Du reste, toutes les parties de l'installation sont relevées avec lettres de repère sur une légende placée au pied du plan en relief. Le visiteur que la question intéresse peut donc s'en rendre compte avec la plus grande facilité.

Comme celle de Gaillon, la maison centrale de Poissy compte à l'exposition pénitentiaire d'heureux spécimens de travaux, spontanément entrepris par le ministère de l'intérieur, dans la voie des idées modernes. On peut remarquer un système de bains cellulaires, dont l'application a coûté à son auteur, M. l'architecte Borne, de longues études, suivies de mécomptes dont sa persistance a finalement triomphé. Douze détenus étaient baignés à la fois; mais, à l'ouverture du robinet conducteur, la buée devenait telle qu'il fallait, à l'instant même, arrêter le mouvement. Membre d'une commission administrative chargée d'examiner le fonctionnement de l'œuvre, nous vîmes le mal sans pouvoir indiquer le remède. Son auteur l'a heureusement trouvé depuis.

C'est également à la maison centrale de Poissy, devenue, depuis quelque temps, à raison de son voisinage de Paris, le champ d'épreuve des expériences pénitentiaires, qu'il nous fut donné, vers la même époque, d'étudier le premier essai de l'alcôve fermée, en tôle et en fer, ou pour nous servir d'autres termes, la première application partielle du dortoir cellulaire.

Il faut avoir vu, en pleine-nuit, l'horrible spectacle d'un dortoir commun de maison centrale, renfermant deux cents dégradés et quelquefois davantage, étendus sur des lits espacés de 50 centimètres, les uns dormant ou faisant semblant de dormir pour pouvoir s'entretenir à voix basse, d'autres agités par l'insomnie ou le rêve, certains guettant l'occasion d'un immonde rapprochement, quelques autres se succédant à un baquet placé à l'extrémité de l'immense pièce, d'autres encore se levant pour secouer leur vermine, génération spontanée de ces corps malpropres et de leurs émanations fétides; il faut, disons-nous, avoir vu ce repaire de fauves, devant lesquels tremble la surveillance des prévôts, pour être convaincu que l'exécution pénale ainsi pratiquée est une dégradation nouvelle se superposant à celle qui résulte du fait de la condamnation, et qu'une telle promiscuité sera toujours bien plus la voie des rechutes que celle des améliorations morales. La Hollande et la Belgique l'ont bien compris, puisqu'elles ont des dortoirs à cases ou cellules, dans lesquelles sont isolés les détenus, et que l'on ouvre ou ferme à volonté par séries de quinze à vingt.

Les alcôves cellulaires de Poissy se rapprochent de ce système; l'expérience qu'on en a faite a réussi complétement et il ne reste plus qu'à en généraliser l'usage. Cet isolement individuel de la nuit, facilement applicable parce qu'il coûterait peu, est le seul remède au mal qui puisse être réalisé actuellement. Quant à l'isolement de jour, suivant l'esprit de la loi du 5 juin, songer à l'entreprendre dans les maisons centrales de correction et de force avec les conditions actuelles de population, ne serait, en réalité, qu'une tentative sans succès présumable. M. le ministre de l'intérieur ne le comprend pas autrement, puisqu'il vient, il y a quelques jours à peine, de prescrire aux chefs de l'administration départementale d'actives études dans le but d'assurer le meilleur mode de séparation de nuit.

La maison centrale de Melun n'avait produit, au moment de l'ouverture de l'Exposition, que le plan, bien réussi d'ailleurs, de son ensemble et des dessins de détenus avec leurs costumes d'hiver et d'été. C'était peu pour un établissement dans lequel se rencontrent un certain nombre d'ouvriers d'art, quelques-uns fort habiles. Elle a réparé sa défaillance par l'envoi tout récent d'une charmante œuvre, la réduction en bois peint très coquette et pleine de mouvement d'une partie d'intérieur de maison centrale. On y voit des détenus, des gardiens, des sœurs, des aumôniers en service, des cellules vides ou occupées, des escaliers, des corridors, etc., et au centre une chapelle-école cellulaire admirablement conçue. Cette merveille en miniature, dont le plan est dû à M. l'inspecteur général Normand, a été exécutée par les seuls ouvriers détenus de la maison centrale de Melun, sous l'œil de son habile directeur.

A défaut de créations effectives, plusieurs autres maisons centrales ont fourni des plans, des études, des dessins d'une véritable valeur. Nous citerons pour la maison centrale de Rennes, affectée aux femmes, — magnifique hexagone d'une haute ordonnance architecturale, — une vue d'ensemble fort belle, plusieurs plans, des installations diverses parmi lesquelles se distingue celle de la chapelle avec sa porte ogivale, enfin quelques dessins de beaucoup de goût. La maison de Rennes est l'œuvre très-étendue et encore inachevée de M. l'architecte Normand qui, produisant beaucoup, nous a contraint à parler plusieurs fois de lui dans le cours de ce travail. On peut aussi mentionner, en les accompagnant d'éloges mérités : le plan général de la maison de Beaulieu et de ses environs, le plan de la maison centrale de Clermont, le dessin colorié, avec leurs costumes, des femmes qui y sont détenues, costume expiatoire, pour beaucoup d'entre elles, des élégances hardies de leur passé ; enfin la magnifique vue d'ensemble de la maison centrale de Clairvaux, le plus grand de nos établissements de répression, administré par voie de régie et qui n'a presque rien conservé des grandeurs architecturales ni surtout des trésors de science de l'ancienne et glorieuse abbaye de saint Bernard. Sous la première révolution, un agent administratif, outre-passant à coup sûr son mandat, dispersa les archives dont on a trouvé des fragments d'une certaine importance à Montpellier, son pays d'origine, et dans une des villes du département du Nord.

VI

Les pénitenciers de la Corse ont, de leur côté, fourni un contingent assez étendu à l'exposition spéciale du ministère de l'intérieur. Ces pénitenciers sont au nombre de trois : Casabianda, Castelluccio et Chiavari. Ce sont des établissements agricoles dans lesquels sont conduits, après un séjour dans les maisons centrales, des condamnés ayant encore deux ans au moins et quatre ans au plus de leur peine à subir; ils ne doivent pas être Corses, Espagnols, Italiens, ou originaires du département des Alpes-Maritimes; ils ne doivent pas non plus avoir dépassé un certain âge ou fait un précédent séjour dans les pénitenciers. Ceux d'entre eux qui n'ont pas vingt et un ans sont spécialement dirigés sur l'établissement de Castelluccio, où l'administration groupe les adultes, pour les enlever à la fréquentation de leurs compagnons plus âgés et, suivant les présomptions, plus avancés dans le mal. Chaque année, les inspecteurs généraux dressent la liste des sujets valides à envoyer en Corse; elle se recrute le plus possible par le volontariat.

Que valent ces établissements au point de vue de l'amélioration morale des individus qui y sont envoyés? Pas assez, malheureusement; et quant aux résultats économiques, ils sont si restreints en regard des dépenses budgétaires et de la maladie, sinon de la mortalité des effectifs, qu'on a été souvent conduit à se demander si la suppression ne serait pas le meilleur remède à des maux qui,

jusqu'à présent, n'ont jamais semblé s'effacer que pour
mieux reparaître. On n'a, du reste, qu'à consulter, pour
s'en convaincre, les statistiques pénitentiaires et les vo-
lumes de l'enquête parlementaire figurant à l'Exposition.
Energiquement combattue, la mortalité, qui était à l'origine de 80 pour cent et qui, sur certains points, était
graduellement descendue à 8, 7, 6, et 2 1/2, c'est-à-dire
à un niveau inférieur à celui des maisons centrales qui
est de 4 pour cent, s'est ensuite relevée pour monter assez
haut, sous l'influence de causes diverses, parmi lesquelles,
sur un point particulier de l'occupation pénitentiaire, on
a pu citer, en dernier lieu, l'enlèvement du barrage de
Casabianda. Sa réédification maintenant complète a, par
ce côté au moins, produit une meilleure situation.

Quoi qu'il en soit, dans la bataille continue livrée ainsi
au climat par les hommes, malgré l'armistice qui, chaque
été, suspend, pendant plusieurs mois, la vie agricole et
envoie camper les détenus dans des refuges comme celui
de Marmano, il faut encore, après l'ensevelissement des
morts, faire le compte des blessés. Or, les blessés de la
fièvre sont innombrables et beaucoup, qui ne sont pas
morts sur place, vont s'éteindre, après l'expiation, sur les
routes ou dans les hôpitaux de la métropole. Il est de no-
toriété pour ceux qui habitent « le pays du soleil, » qu'un
homme qui a porté en lui, pendant cinq ans, une infection
paludéenne, pourra bien ne pas mourir de la fièvre, mais
mourra certainement avant l'âge. Que penser et dire,
après cela, de l'œuvre des pénitenciers, à moins de répéter
ce qu'en disait le fonctionnaire chargé de sa conduite
agricole : « que l'œuvre est, par cela même, devenue plus
chère aux survivants (1). » Sans être une sensitive ou un

____

(1) *Rapport au conseil supérieur des prisons*, juillet 1878, page 19

lettré, cette prose nous ramène violemment aux vers de Lucrèce :

Dulce mari magno turbantibus æquora ventis
E terrâ magnum alterius spectare laborem.

Au surplus, la question de l'abandon ou du maintien des établissements n'est pas nôtre, et les discussions qu'elle a provoquées sont telles que le temps et l'espace nous feraient défaut pour en devenir ici l'historien. Nous préférons de beaucoup renvoyer le lecteur au rapport très justement remarqué de M. le sénateur Berenger et aux affirmations si nettes de M. le député Savoye, un des membres les plus laborieux de la Chambre, d'autant plus compétent en cette matière qu'il a pu mieux suivre, dans la vie du conseil d'État et de l'administration, pendant près de dix ans et pas à pas, les péripéties diverses de nos établissements de Corse (1).

Les objets exposés consistent en vues photographiées et en produits du sol. Nous avons remarqué, dans les premières, un cadre assez complet avec diverses photographies du pénitencier de Casabianda, celles des travaux faits pour établir les digues et épuiser les étangs del Sale et de Ziglione, celles d'animaux, d'instruments de culture, etc. ; ensuite deux vues des pénitenciers de Chiavari et de Castelluccio ; enfin une vue réussie du barrage de Caprione à Chiavari et une seconde du barrage de Tiginesti à Castelluccio. Le reste ne commande pas de mention spéciale.

---

(1) *Enquête parlementaire*, volume 11, page 255 et suivantes.

Dans les produits du sol cultivé, nous citerons les toisons de béliers de Casabianda, les cocons de Chiavari, les maïs caragua, importation fourragère de l'Amérique du Sud, beaux les uns et les autres; des gerbes de blé et des produits agricoles divers, pris un peu partout dans chacun des trois pénitenciers; des vins de Chiavari dont il faut se défier, certains disent parce qu'ils sont lourds à la tête, d'autres parce qu'ils laissent à désirer par le goût, deux opinions qui, sans se contredire, pourraient bien se combiner; un fragment de tronc d'eucalyptus globulus dont les proportions surprennent, rapprochées de l'âge du végétal; un eucalyptus avec ses feuilles, etc...

Au milieu de cette exhibition agricole, qui n'est pas sans mérite, nous avons découvert quelques spécimens remarquables de cédrats produits par les pénitenciers. Une place d'honneur nous semblait d'autant mieux devoir leur appartenir, que la science agricole, par un de ses organes les plus autorisés, avait proclamé, dans ces derniers temps, l'importance du cédratier comme agent économique le meilleur, le plus sûr, du rapport le plus fructueux et conséquemment de la vulgarisation la mieux indiquée pour les pénitenciers de Corse. L'homme éminent qui émettait cette opinion et dont la parole, comme l'aspect, n'ont rien de frivole, voyait, dans cette culture poursuivie du cédratier, un moyen pour l'État de se couvrir, dans une certaine mesure, des sacrifices à venir, et, par suite, une raison pour reprendre les travaux interrompus ou abandonnés. Si peu ordinaire que semble, au point de vue économique, la possibilité de venir en aide sérieuse, par la culture d'un fruit, quelle qu'en soit la richesse, à des dépenses élevées d'exploitation, le conseil pénitentiaire devant lequel l'auteur exposa ses idées ne les repoussa point. Suivant nous, il eut raison. Outre, en effet, qu'on peut devoir aux déductions de la science, l'honneur d'un essai, il ne serait pas juste de confondre, de prime abord, dans une défiance uniforme, les affirmations réfléchies d'un érudit agricole comme M. Boitel et les conceptions visiblement utopiques qui, de notre temps, à coups d'esprit, de style et de sophismes, acquièrent souvent et conservent parfois de zélés partisans.

VII

Nous arrivons à la partie de l'exposition pénitentiaire qui concerne les établissements correctionnels de jeunes détenus. Elle compte des choses réussies et parfois des oublis regrettables. Nous parlerons des uns et des autres, après avoir dit quelques mots de la question même des jeunes détenus, qu'il est bien permis à nos lecteurs de ne pas connaître avec précision et qui, pour nous, est la plus importante de toutes, parce qu'elle confine de plus près à la question sociale. Nous ne le comprenions pas autrement lorsque — il y a quelques années — nous donnions, à une étude à la fois économique et pénitentiaire, cette conclusion empruntée au grand Leibnitz : « Le présent, fils du passé, est déjà gros de l'avenir. » Il faut donc relever les déshérités de l'enfance pour en faire des hommes, et cela est d'autant plus nécessaire que nos institutions démocratiques, établies sur l'universalité du suffrage, leur délégueront plus tard une part de la souveraineté. Ce thème, aussi vrai de l'autre côté de l'Atlantique qu'en France, puisque les deux formes de gouvernement sont sœurs, a pu fournir à M. Randall, au congrès de New-York, les plus éloquentes paroles. D'autre part, les hommes éminents placés, au ministère de l'intérieur, à la tête des intérêts de notre pays, n'ignorent pas quelle place doit tenir le sujet dans les préoccupations des pouvoirs publics, et ils le montrent bien par l'édiction répétée des mesures à la fois les plus nouvelles et les mieux réfléchies.

Comme ses devanciers de 1791 et de brumaire an IV, le législateur de 1810 a déterminé, dans ses articles 66, 67 et 69, les conditions faites par la loi pénale à l'enfance égarée ou coupable. Pendant plus de trente ans, l'application des textes s'est à peu près bornée à l'isolement des jeunes détenus dans les prisons. Chose étrange, ce ne fut guère qu'à partir de la révolution de Juillet et sous l'initiative, peu attendue à ce moment, de prêtres et de religieux, que s'établirent dans les voisinages de Toulouse, Lyon, Marseille, les premières colonies pénitentiaires. Puis vint un conseiller à la cour de Paris, un homme supérieur, M. de Metz, plus ouvert encore aux idées économiques qu'aux questions humanitaires, et qui fonda Mettray. Ces divers mouvements embrassèrent une quinzaine d'années et conduisirent à la loi du 5 août 1850, qui fut une erreur manifeste. En décrétant l'établissement des colonies « agricoles publiques et privées » pour l'éducation correctionnelle de l'enfance, elle avait le double but de rendre des bras à la campagne qui en manquait, et de donner à l'enfance, devenue libre, un moyen de vivre d'autant mieux assuré, que son application était plus générale ; elle couvrait, en effet, le territoire entier.

Ce fut une loi funeste ; les enfants des villes revinrent presque tous à leur foyer d'origine plus âgés, sans possibilité immédiate d'être appliqués aux industries urbaines, préférant, d'ailleurs, à l'apprentissage, la mendicité, le vagabondage, la maraude, marchant ainsi en étapes vers la maison centrale. Quant aux fondateurs de colonies privées, ils ne furent que trop souvent, sous un manteau de philanthropie, les écumeurs de ces jeunes existences. M. de Metz avait cherché l'amélioration de l'enfance par la terre ; les premiers utilitaires qui suivirent cherchèrent l'amélioration de la terre par l'enfance. Ils y parvinrent pour la plupart ; nous pourrions, à ce sujet, citer des noms connus. Quant aux derniers venus dans la carrière, moins scrupuleux, ils firent simplement la presse de l'enfance, gardant le prix de journée payé pour chaque détenu par l'État, s'en procurant un second en louant, avec l'obligation de les nourrir, ces jeunes enfants, et regrettant presque de ne pouvoir les vendre. Puis, comme la hardiesse accompagne invariablement l'impunité, on a pu voir une colonie de jeunes détenus, accordée par erreur à un marchand d'ornements religieux, sans ressources, devenir, entre ses créanciers, d'autres adhérents et lui-même, l'objet d'un véritable contrat de société pour l'exploitation de l'enfance. Une particularité curieuse, c'est que plus tard, prétextant de son expérience et de quelque autre cause, le marchand, en déroute, profita de l'évolution du 16 mai pour demander à être inspecteur général des établissements pénitentiaires. Il fut éconduit.

Quoi qu'il en soit, en signalant ces laideurs, le contrôle annuel devait en amener la cessation ; il en a été ainsi. Sans tenir compte des individualités dirigeantes, prêtres d'ordre élevé, anciens fonctionnaires de haut rang, prétendus humanitaires ou financiers, tous les établissements qui étaient devenus une offense pour la morale ou la loi, ont été impitoyablement supprimés par le ministère de l'intérieur.

Une chose doit logiquement disparaître, c'est la loi même de 1850, parce qu'elle va manifestement contre son but et qu'elle impose, d'autre part, aux pouvoirs publics, la nécessité de sa transgression continue pour éviter les maux plus grands que produirait son application textuelle. C'est ainsi que, contrairement à sa lettre écrite, des colonies industrielles de jeunes détenus ont dû être autorisées et fonctionnent en certain nombre sur le territoire. La vérité, pour nous, est dans la division indiquée par la commission pénitentiaire dans son projet de loi sur l'éducation des jeunes détenus, division empruntée d'ailleurs — l'éminent auteur du projet, M. le conseiller Voisin, ne s'en est pas caché dans son exposé des motifs, — aux pratiques ou aux études du ministère de l'intérieur. Il est logique, en effet, que, suivant leur origine, leurs aptitudes, et leur avenir présumable, les jeunes détenus soient appliqués à un apprentissage agricole, industriel ou maritime.

Nous avons démontré l'insuffisance, à un point de vue général, de l'éducation agricole; l'enseignement industriel, conquis par la force des choses sur les textes obligatoires de la loi de 1850, a produit quelques effets heureux à Moisselles, Citeaux et dans d'autres colonies. Quant à l'apprentissage maritime, l'État ne l'a encore pratiqué nulle part. .

Dès 1871, un an presque avant la création de la commission parlementaire, un inspecteur général du ministère de l'intérieur, qui n'est en droit d'en tirer aucune vanité puisqu'il s'agissait d'un acte de ses fonctions, fut chargé d'étudier les conditions d'emplacement et d'organisation d'une colonie maritime de jeunes détenus. Ses études fort attentives, unanimement approuvées par le conseil de l'inspection générale auquel le ministre les avait soumises, ne furent point, par ailleurs, exemptes de critiques. Certains trouvèrent mal choisi le canal maritime de la Seudre, dans la Charente-Inférieure, large pourtant de 1,800 mètres, où les manœuvres sont toujours possibles sans qu'aucune marée les empêche et qu'aucun temps puisse faire dériver dans les courants d'Oléron.

D'autres se plaignirent de l'insalubrité de la localité la plus voisine, la petite ville de la Tremblade, soumise cependant à l'atmosphère maritime, toujours plus dense et plus chargée d'oxygène que l'atmosphère terrestre, protégée contre les vents excessifs par les plantations de pins dont les senteurs résineuses se mêlent aux vapeurs d'iode et de brome des varechs et des algues; entourée de marais « salants » et non putrides, éloignée de sept kilomètres et séparée par la Seudre de la ville de Marennes, ne participant donc en rien aux mauvaises conditions d'hygiène de celle-ci, qui est le centre auquel aboutissent les rayons paludéens de Brouage, Soubise, Saint-Just, etc.

Enfin, après un travail comparatif avec les écoles libres de mousses qui coûtaient manifestement plus cher, on recula quoique à regret, cédant aux difficultés budgétaires, devant une dépense de 25,000 fr. demandés par le ministère de la marine, pour mettre à la disposition de l'intérieur *la Sentinelle* qu'avait rendue disponible le licenciement de l'école des mousses indigènes d'Alger. Ces 25,000 fr. représentaient exactement les débours qu'avait faits la marine pour la mise en état de la frégate lors de son rapatriement au port de Toulon. De plus, le bâtiment se trouvait paré, c'est-à-dire pourvu de tout l'aménagement nécessaire à une école. La combinaison fut donc abandonnée. Au même moment, dans des conditions très différentes, il est vrai, d'effectif, les dominicains d'Arcueil appliquèrent l'idée et ceux qui visitent aujourd'hui Arcachon peuvent voir tout le parti qu'ils en ont tiré.

Un an plus tard, la question revenait. A l'île d'Yeu, en face des côtes de la Vendée, dans le voisinage des ruines qui furent le manoir du sombre Gil de Ré, entré

dans la légende sous le nom de Barbe-Bleue, se rencontre
le fort de Pierre-Levée, alors absolument neuf, n'ayant
jamais été occupé militairement et dont le ministère de la
guerre, dans le but d'éviter les dépenses d'entretien,
consentait la remise au ministère de l'intérieur pour en
faire un vaste établissement pénitentiaire. Le chiffre de
neuf cents détenus, auquel on avait songé, était supérieur
des deux tiers à celui que l'on pouvait y installer en
restant dans les conditions réglementaires de 15 mètres
cubes d'air par homme. Le délégué du ministre de l'intérieur, celui même à qui étaient dues les études de la
Tremblade, proposa, dès lors, d'établir à Pierre-Levée le
casernement avec ateliers de trois cents enfants pour une
école de mousses qui seraient couchés en sac, le hamac
assurant une propreté plus facile que les couchers fixes
et les préparant mieux à leur avenir. Quant à l'enseignement nautique, il résulterait de l'amarre, dans le port,
d'un bateau avec patins ou béquilles pour en empêcher la
dégradation, lorsque les marées, dans leurs retraits,
pourraient le mettre en mouvement.

Mais comme, en ce moment, les économies budgétaires
constituaient une obligation essentielle et que le projet
de la Tremblade s'était surtout écroulé sous le poids des
raisons d'argent, le délégué de l'État émit l'opinion,
démontrée par l'expérience, qu'on pourrait se passer d'un
bateau-école et le remplacer par un manège nautique
installé dans la grande cour de la citadelle, système qui
fonctionnait et fonctionne encore à Brest avec un plein
succès. C'est ainsi, en effet, que l'École des pupilles, qui
fournit à la marine de l'État ses meilleurs mousses, n'a
pas d'installation à bord ; les enfants sont exercés dans
le manège de l'école, formé à l'aide de deux ou trois grands
mâts avec leurs voilures, leurs cordages, etc., et au pied

desquels se trouve, élevé du sol à une certaine hauteur, un large filet destiné à préserver des chutes quelquefois dangereuses.

Quant aux exercices de rame, d'embarquement, de débarquement, etc., les élèves-mousses les pratiquent dans le port sur des embarcations à cet usage.

Les jeunes casernés du fort de l'île d'Yeu auraient pu faire les mêmes exercices avec les yoles et les embarcations que la marine avait promises au ministère de l'intérieur et qui seraient restées sans inconvénient amarrées dans le port. Quant aux exercices de canonnage, ils auraient été faciles à pratiquer à l'intérieur du fort, en établissant dans un coin de la cour une batterie en planche figurant les sabords et qu'on aurait armée de deux, trois ou quatre pièces. Les résultats de cet aménagement sont visibles. On économisait les frais d'un casernement à terre, nécessaire suivant nous, parce qu'il faut « instruire » les enfants et leur « apprendre » un métier à côté de leur profession maritime qu'ils savent très-vite, — on fait un bon mousse en cent vingt jours ; — on économisait le remboursement des frais occasionnés par la conduite du bâtiment du lieu où il se trouvait au siège de l'école; on s'épargnait les soins et les frais de son appropriation pour le but auquel on voulait l'appliquer; enfin on évitait les frais de son entretien.

La question valait une étude; elle eut lieu, mais on délibéra trop longuement peut-être. Pendant ce temps, les enfants et l'idée première furent un peu oubliés et le ministre de la guerre, qui se souvenait, reprit son fort qu'on ne lui prenait pas assez vite. En réalité, avec ce système, il ne fallait pas plus de deux mois pour que la jeune population maritime, dispersée dans les colonies publiques et

privées, fût établie sur un point unique où elle aurait ren‑
contré, avec le souvenir des choses de son pays, les en‑
seignements et les pratiques professionnelles des siens.

Nous ne parlerons ici que pour mémoire d'une sorte de
colonie mixte dans laquelle certaines bordées prendraient
seules part aux exercices de mer. L'idée n'en parait pas
bonne : il est certain, en effet, que la communauté des
origines soutient les enfants dans les ennuis de la correc‑
tion, pendant que la parité des enseignements développe
leur émulation et les prépare mieux au but commun.

Si nous nous sommes assez longuement étendu sur ce
sujet, qui en vaut bien la peine, le lecteur nous le par‑
donnera par le double motif que des circonstances parti‑
culières nous l'avaient rendu plus familier et que nous
tenions à démontrer que ce qui avait été omis en 1872
pourrait être fait encore aujourd'hui avec la même utilité,
aussi vite et sans beaucoup plus de sacrifices.

Il convient d'ajouter qu'au moment où commençait en
France l'étude de la question d'une école correctionnelle
maritime, l'Angleterre comptait à poste fixe, sur ses côtes,
douze bâtiments servant d'écoles de mousses pour les
jeunes détenus et les enfants pauvres; que, d'autre part,
les Etats‑Unis avaient, sur plusieurs points, et notamment
dans le Massachussets, des écoles de mer instituées pour
la réforme des jeunes délinquants. Nous ignorons ce qui
s'est produit depuis dans ces deux pays, mais nous con‑
naissons assez le génie de la race anglo‑saxonne, si supé‑
rieure par la rapidité de son action à la race latine, pour
être assuré que le mouvement, en cette matière, n'a pu
que s'accélérer et s'accroître.

Quoi qu'il en soit, si le ministre de l'intérieur, qui a tant produit depuis quelque temps dans les diverses branches de ses nombreux services, n'a pu donner suite encore à ses projets maritimes de 1871, il est très certain qu'il a beaucoup fait, à d'autres points de vue, en ce qui touche les jeunes détenus. Si les quartiers correctionnels sont restés au nombre de six dont cinq pour les jeunes garçons et celui de Nevers pour les jeunes filles, les colonies publiques qui étaient au nombre de trois, les Douaires, Saint-Bernard et Saint-Hilaire, se sont accrues du Val-d'Yèvre et de la Mothe-Beuvron.

Les colonies privées ont eu, de leur côté, une extention peu ordinaire. Pris ensemble, les établissements publics et privés d'éducation correctionnelle arrivent aujourd'hui au nombre de soixante-quatre, qui s'augmente de deux écoles de réforme, institution nouvelle dont il sera parlé plus bas.

Il convient ici de rappeler qu'un grand bien, en ce qui concerne les jeunes filles détenues, a été leur retrait des quartiers spéciaux établis pour elles dans les maisons centrales ou les prisons des départements et leur placement dans des maisons particulières de religieuses. Elles ne sont plus, depuis lors, confondues par l'opinion publique avec les femmes condamnées, et on ne les guette pas, au jour de leur sortie, pour les conduire dans les maisons de prostitution. D'un autre côté, on en applique un grand nombre aux travaux agricoles, à l'horticulture, à l'élève du bétail et aux soins du ménage. C'est ainsi qu'il y a de véritables exploitations rurales de femmes à Angers, à Rouen, au Méplier. On s'efforce, dans ces établissements, d'employer et de maintenir dans les pratiques de la vie rurale les jeunes filles originaires de la campagne et même d'y amener celles qui proviennent des villes, au lieu d'en faire des machines à coudre. Il est indéniable qu'on assure mieux ainsi leur santé, leur moralité et leur avenir.

Nous avons prononcé plus haut le nom des *écoles de réforme*. Elles ont été instituées pour l'éducation des plus jeunes enfants envoyés en correction. On a calculé qu'un huitième de l'effectif général des jeunes détenus était formé par des enfants de cinq à douze ans, retenus pour mendicité, vagabondage, vol de récoltes et quelques autres infractions dans l'appréciation desquelles devaient entrer pour beaucoup l'abandon ou le défaut de surveillance des parents. Il est clair que ces enfants demandent une plus grande sollicitude à raison de leur âge et de l'influence que pourraient avoir sur leur avenir les mauvais exemples ou la corruption précoce de leurs camarades plus âgés. La direction des écoles de réforme a été confiée par le ministre de l'intérieur à deux congrégations de femmes habituées à l'éducation de l'enfance, celle du Bon-Pasteur de Limoges et celle de la Divine Providence de Ribeauvillé. Cette dernière, qui a opté en 1871 pour la nationalité française, avait, en Alsace, avant la guerre, de nombreuses écoles libres pour les jeunes filles et les garçons. Nous devons dire que ces choix furent déterminés sans engager l'avenir, par la raison budgétaire et la difficulté de trouver promptement un nombre suffisant de surveillantes laïques répondant au but cherché.

Diverses écoles de réforme sont en projet ; une est en voie de formation dans Seine-et-Oise, et deux fonctionnent, celle de Saint-Éloi, à quelques kilomètres de Limoges, qui renferme près de cent enfants, et celle de Fresne-le-Château, dans le voisinage de Vesoul, qui en contient un nombre plus élevé. L'enseignement donné aux enfants consiste dans la lecture, l'écriture, le calcul, des notions d'histoire et de géographie, le dessin linéaire et la gymnastique. A treize ans, les enfants seront placés en apprentissage; les placements seront discutés avec l'administration, et on fera apprendre à chaque enfant l'état qui paraîtra le mieux convenir à ses aptitudes et à son goût. A dix-huit ans, ainsi que cela arrive aujourd'hui pour les jeunes détenus des colonies qui atteignent cet âge, on les poussera le plus possible vers l'armée, dont la discipline maintiendra l'œuvre de moralisation et de travail commencée à l'école de réforme et continuée dans l'apprentissage. Quels fruits produira réellement la nouvelle institution? On ne saurait le dire lorsqu'on est si voisin de ses commencements; mais il est permis de croire que l'essai ne sera pas perdu.

En prenant l'enfant à un point aussi rapproché de son entrée dans la vie, la société recueille un être visiblement inconscient de sa première faute et dont les facultés morales sommeillent plutôt qu'elles ne sont perverties. Elle les réveille, les grandit, et, comme pour mieux les défendre de tout pernicieux contact, elle les entoure par l'éducation, l'instruction et le travail. Après quelques années, l'enfant sera devenu un homme et l'homme, ainsi préparé, un citoyen utile. Doit-on demander davantage ? Peut-on espérer autant ? Quant à nous, ces petites écoles installées sans bruit, et qui préparent tranquillement l'avenir, nous semblent bien mieux que l'édiction bruyante de textes mal réfléchis, comme celui de la loi de 1850, aider à la solution du problème pénitentiaire et social.

L'exposition spéciale du ministère de l'intérieur contient précisément une vue de l'école de réforme de Saint-Éloi. On peut regretter qu'elle ait été faite à une échelle aussi réduite et qu'on ne puisse pas mieux juger des développements à l'intérieur.

La colonie de Mettray y est représentée par un petit plan en relief, un album où elle montre ses bâtiments, ses ateliers, ses écoles, et par ses dessins coloriés de colons en tenue de travail et de dimanche. Ces derniers nous font voir l'enfance telle que nous la voudrions partout, ayant bon air, bonne santé, accusant la discipline et le travail. — Quant au plan en relief, qui est bien fait d'ailleurs, il n'aurait pu que gagner à être établi sur un cadre plus étendu. En dehors de son exposition au ministère de l'intérieur, Mettray a exposé à la section agricole des instruments de culture fabriqués par ses colons, et à celle de l'instruction publique des résultats scolaires auxquels nous souhaitons les succès de leurs devanciers de 1867.

La colonie de Mettray serait la première de ses similaires sans la fondation de Cîteaux, et celle-ci serait la première sans la colonie de Mettray. Quand on les compare, il est difficile de déterminer la supériorité d'aucune. Peut-être, cependant, Mettray a-t-il plus de relief et Cîteaux plus de force économique. Quoi qu'il en soit de cette opinion, qui nous est toute personnelle, elles méritent chacune, au point de vue de ce travail, une critique fondée, la première pour n'avoir envoyé à l'exposition spéciale de l'Intérieur que les seuls objets dont il a été parlé plus haut, la seconde pour avoir gardé par devers elle toutes ses richesses. Nous savons, cependant, qu'il existe à Cîteaux, entre autres choses, de fort beaux paroissiens, façon du quinzième siècle, avec des dessins de Jacquemart et des gravures sur fond criblé de Bœtzel, reliés dans le style du livre par les élèves de l'établissement.

Dans les colonies publiques, nous avons remarqué le plan d'ensemble du Val-d'Yèvre, qui est bien fait. La colonie des Douaires, la première, à notre avis, des créations de l'État en cette matière, qui faisait, à juste titre, l'étonnement d'un homme qui, pourtant, ne s'étonnait guère, le général des Pallières, se préparant alors à son rôle de fondateur de la colonie d'Autreville, n'a donné à l'exposition du ministère de l'intérieur que des dessins de jeunes détenus en costume et une vue de son ensemble. Accrochée et cachée au sommet d'un mur, cette exhibition est, en vérité, trop peu pour un établissement de cette importance et de cette supériorité de fonctionnement, alors surtout que ses installations, si heureusement disposées sur un vaste plateau, d'après un plan remarquable de simplicité et d'ampleur, donnent à l'ensemble du bâtiment un caractère particulier qui attire et qui frappe. Si, au lieu d'une image au lavis, on avait envoyé à l'exposition spéciale le plan en relief des Douaires, avec ses constructions légères en briques creuses, ses larges dégagements, son entrée hardie, cette chapelle qui a l'air de se perdre dans le lointain et qui couronne admirablement le paysage, les visiteurs étrangers, justement fiers de leur supériorité nationale en toutes ces matières, auraient été contraints de reconnaître que, plus nouveaux dans la voie, plus retenus par les questions de budget, nous étions encore capables de faire bien et beau. Pourquoi donc cet oubli ou cette indifférence ?

VIII

Le patronage des libérés, ce corollaire indispensable de nos institutions répressives, devait avoir sa place dans l'exposition pénitentiaire. Né autant de l'intérêt social que de l'idée chrétienne, il a pour but de tendre aux libérés une main secourable et de faciliter leur relèvement. L'ordonnance de 1819 l'avait pressenti plutôt que déterminé, en recommandant aux commissions de surveillance de s'intéresser à la réforme morale des détenus. Ultérieurement, les travaux de MM. Bérenger de la Drôme et Charles Lucas fixèrent l'attention du pouvoir et de l'opinion sur ce grave sujet, dont la circulaire du 28 mai 1842 régla la mise en pratique. Son auteur, M. le comte Duchâtel, choisit, comme l'ordonnance de 1819, pour moyen d'action, les commissions de surveillance. Le patronage des jeunes libérés sortit de ces efforts, se continuant jusqu'au moment où la question du patronage des adultes, effleurée dans le projet de loi de 1847, fut remise à l'étude devant la commission instituée par le décret du 6 octobre 1869. Arrêtée, mais non éteinte, par les événements de la guerre, elle reparut avec l'Assemblée nationale de 1871 Cette fois, elle eut un rayonnement complet, moins attribuable, il faut bien le reconnaître, aux efforts de la commission d'études qu'à l'apostolat incessant d'un de ses membres, chargé, au ministère de l'intérieur, du service des jeunes détenus.

Ce fonctionnaire, littérateur distingué, entré dans les emplois publics et devenu humanitaire à l'occasion de ses travaux professionnels, auteur d'un beau livre : *la Réhabilitation des libérés*, lauréat de l'Institut et de la Société d'encouragement au bien, assez de son temps pour avoir compris tout ce qu'on peut, en tout pays, tirer de l'initiative privée pour le triomphe des idées généreuses, — M. Jules de Lamarque fondait, en 1871, la Société générale pour le patronage des libérés. Reconnue comme établissement d'utilité publique par décret du 4 novembre 1875, elle a aujourd'hui à sa tête, avec M. le ministre de l'intérieur et son collègue de la justice, les personnages les plus éminents du pays et de l'étranger. Quant au fondateur de la Société, M. Jules de Lamarque, donnant un rare exemple de modestie, il n'a voulu qu'en être simple membre.

La Société générale a deux buts fondamentaux : 1° assister les libérés individuellement, leur procurer du travail, et, dans certaines circonstances, un abri momentané, des vêtements et des outils; 2° généraliser sur toute l'étendue du territoire les associations similaires. Les principes sur lesquels elle appuie son action consistent : 1° à n'accorder le bienfait du patronage qu'aux individus qui lui paraîtront amendés; 2° à ne leur donner des secours, en attendant qu'ils aient du travail, qu'à titre d'avances qui devront être remboursées par légers à-comptes; 3° à exclure du patronage tout individu qui, sous un prétexte quelconque, refusera l'occupation qu'on lui aura procurée ou ne travaillera pas d'une manière suivie. Pour l'application du premier de ces principes, la connaissance des antécédents des libérés était à peu près indispensable. La Société a dû faire appel, dans cet objet, au concours de M. le ministre de l'intérieur qui ne le lui a pas refusé et lui facilite même l'entrée des établissements de répression ; car, comme l'ont écrit MM. Reuckoff et Robin, deux humanitaires militants, et après eux M. Léon Lefébure, ce qui sert surtout de préparation au patronage, c'est la visite des prisons, et pour l'exercer avec chance de succès sur un homme, il est indispensable de le connaître et d'en être connu. Cette vérité est indéniable.

Du reste, les ministres qui, de 1871 à ce jour, se sont trouvés chargés du département de l'Intérieur, ont tous compris la valeur et protégé le développement de l'institution nouvelle qui, par l'attribution d'un local qui lui a été faite, rue de Varennes, dans une des annexes du ministère, est devenue un centre de propagande, d'encouragement et d'information en matière de patronage. D'autre part, à la suite d'instructions ministérielles prescrivant le concours des administrateurs de département et faisant appel à celui des commissions de surveillance, le mouvement s'est vite répandu de Paris aux points les plus éloignés : vingt-neuf départements ont aujourd'hui des institutions de ce genre, et si quelques-unes sont encore mal assurées, la plupart fonctionnent régulièrement et publient même le compte rendu de leurs travaux. Nous citerons, parmi ces dernières, en dehors même de la Société générale, celles de Bordeaux, Lyon, Rouen, Périgueux, Poitiers, Dôle, Tours, Perpignan, Nancy, Brest, Nantes, Versailles.

Un mot, au surplus, peut résumer le sujet : en 1871, il n'existait en France aucune société pour les libérés adultes; aujourd'hui, sans tenir compte de celles dont les pas, — comme nous venons de le dire — sont chancelants, on en trouve plus de trente dont deux, celles de Paris et de Bordeaux, cette dernière conduite par un humanitaire ardent, M. Sillimann, sont reconnues d'utilité publique. L'Angleterre, dont les essais de patronage remontent à un demi-siècle, n'en compte pas dix de plus que notre pays. La Société générale, qui est le tronc duquel sont sortis tous ces rameaux, a patronné, depuis sa fondation, plus de sept cents individus adultes, prêté son assistance à un grand nombre de femmes et de jeunes filles libérées et reçoit encore, de la main des magistrats instructeurs, certains inculpés appelant l'intérêt et qui deviennent l'objet d'ordonnances de non-lieu quand l'autorité judiciaire est sûre que la Société de patronage s'occupera de leur placement.

Comme on le voit, l'alliance de l'initiative individuelle et de l'État a produit les résultats les plus heureux pour la création et le développement du patronage des libérés adultes. Hâtons-nous d'ajouter que ce patronage nouveau dans son fonctionnement n'a pas fait oublier son devancier de très-loin, le patronage des jeunes détenus et libérés. A Paris, se rencontrent deux sociétés organisées dans ce but, celle de la rue de Mézières, pour le patronage des jeunes détenus et libérés du département de la Seine, et une seconde connue sous le nom de patronage de la rue de Vaugirard, pour les filles libérées et abandonnées. D'autres institutions poursuivent le même objet sur divers points du territoire : nous pouvons citer les sociétés de patronage de jeunes détenus et libérés de Lille et de chacun des divers arrondissements du Nord, celles de Lyon, de Dijon pour la colonie de Cîteaux et le quartier correctionnel du chef-lieu; de Poitiers pour la colonie de Saint-Hilaire, de Sainte-Foy pour les jeunes détenus protestants de la colonie de ce nom; du Blanc, pour la colonie de Fongombault, etc.

Ajoutons que le ministre actuel de l'intérieur, en inscrivant au dernier budget voté par les Chambres un crédit de 20,000 francs destiné à être réparti entre les plus méritantes institutions de patronage, a montré le vif intérêt qu'il portait à leur création.

En ce qui nous concerne, nous avons cru devoir traiter avec détails ce sujet, parce que, si haute que fût son importance au point de vue social, il ne pouvait, néanmoins, s'accuser à l'exposition spéciale par aucun autre signe extérieur que les textes légaux, les circulaires, les collections de statistique, les comptes rendus adressés au conseil supérieur, les bulletins de la Société générale des prisons, ceux de la Société générale de patronage et de ses annexes de province, la *Revue des institutions préventives* et les nombreux écrits sur la matière, pleins, les uns et les autres, d'érudition et de goût, mais plus faits pour les esprits éclairés déjà sur la question que pour ceux auxquels était nécessaire, afin d'y pénétrer, un premier rayon de lumière.

C'est, d'ailleurs, cette méthode qui a dû présider à l'ensemble de notre travail; car si les questions pénitentiaires, comme les autres études humanitaires, intéressent ceux qui s'y trouvent engagés, elles ne sollicitent pas indistinctement et à première vue la curiosité de tous les esprits en quête de nouvelles études. Pour amener le visiteur à l'examen attentif des objets exposés, il était donc indispensable de lui faire connaître le principe qui leur avait donné naissance et le but social dont ils étaient l'instrument: Nous avons dû, pour cela, remonter dans l'histoire, énoncer rapidement les pratiques judiciaires de temps disparus, saluer les origines glorieuses du droit nouveau, rapprocher de la division pénale qu'il a créée les institutions répressives chargées de l'exécution, mettre en lumière le fonctionnement de ces dernières et les adoucissements graduels apportés depuis quelques années par la pratique ou la loi dans les modes d'expiation, conséquence obligée d'études qui se continuent; montrer enfin le mouvement et la valeur des institutions préventives, contribuant, sous leurs formes diverses, à l'amélioration de l'enfance égarée et au relèvement de l'homme coupable.

Dans ce long parcours nous avons rendu à l'exposition pénitentiaire la justice qu'elle méritait et qui nous était facile; car, par leur nombre, les parties brillantes laissaient les autres dans un lointain à peu près imperceptible. Deux choses, d'une relative importance, nous ont paru néanmoins lui faire défaut : la représentation du travail des détenus et la comparaison, non par les livres, qui sont la tradition écrite, mais effective et palpable des modes anciens et actuels de coercition individuelle. Sur ce dernier point, le rapprochement était facile, car il suffisait de placer dans un cadre, à côté de la cellule-modèle dont nous avons parlé plus haut, quelques-uns des objets qui se trouvent au *Musée carcéréen* du ministère de l'intérieur, dans la rue de Varennes Si même, sans remonter trop haut dans le temps, l'on n'avait voulu qu'une preuve irréfragable des progrès réalisés sous l'empire même des lois pénales actuelles, il eût été facile de montrer les carcans en fer auxquels furent attachés, en 1822, dans un cachot blindé de la prison de Poitiers, le général Berton et le docteur Caffé. Ces carcans étaient joints chacun à un poteau par une chaîne trop courte et placée trop bas pour permettre à ces infortunés de se tenir debout. On conviendra qu'il y a loin de ces horreurs imaginées ou souffertes par l'esprit de parti aux douceurs relatives de la cellule-modèle ou même aux modes de surveillance journellement pratiqués à la Roquette, à l'é-gard des plus sinistres condamnés de l'assassinat.

Quant au travail des lieux de répression, il y aurait eu manifeste avantage à le montrer, ne fût-ce que pour em-pêcher les esprits superficiels de voir, dans son omission, un acte réfléchi, inspiré au ministère de l'intérieur par la crainte d'éveiller les plaintes du travail libre. Ce ne sont pas ceux qui ont étudié Malthus, Adam Smith, Ganilh, Ricardo, Blanqui, Say ou Bastiat, qui auront cette opi-nion, mais ceux, plus nombreux, qui ne connaissent que de nom les sciences économiques. En réalité, les critiques contre le travail des prisons, bien que datant de plus loin, n'ont été que depuis 1848 formulées avec insistance. Le fait s'explique par un mot de l'Allemand Herder, écrit un demi-siècle avant dans son livre *des Idées,* si heureu-sement traduit par Edgar Quinet : « Lorsque, dit-il, l'er-reur vient de haut, elle n'a besoin que de se laisser tom-ber pour pénétrer les masses. » Il en fut ainsi dans le su-jet qui nous occupe.

Se trompant sur les faits en même temps que sur le rôle de l'État en matière de concurrence industrielle, le gouvernement provisoire de 1848, par un décret du 24 mars, avait suspendu le travail des lieux de répression « en attendant, disait le texte, qu'il fût réorganisé de manière à ne pouvoir faire concurrence à l'industrie libre. » Mais, vingt-huit jours plus tard, le 21 avril, une

circulaire du ministre de l'intérieur reconnaissait déjà
« qu'il n'était pas impossible que l'opinion se fût exagéré
le préjudice causé à l'industrie libre par le travail des
prisons. » Le 9 janvier 1849, une disposition législa-
tive ordonnait « provisoirement » la réorganisation
du travail; enfin, un décret du 25 février 1852 pronon-
çait son rétablissement d'une manière définitive et dans
les conditions antérieures.

Ces édictions successives montrent clairement que,
dès le lendemain presque du décret du 24 mars 1848,
avait commencé une contre-marche en échelons pour
revenir à un passé que justifiaient à la fois la raison
économique et la raison des faits. Malheureusement,
l'absence de netteté, en cette circonstance, fut un tort
qui engagea l'avenir. En proclamant sa propre erreur,
le pouvoir aurait, sans s'amoindrir, fait cesser celle des
autres qui s'est, au contraire, continuée et se maintient
dans le monde des ateliers comme le sujet d'une reven-
dication légitime. Rien cependant n'est moins fondé ;
nous allons essayer d'en fournir la preuve en quelques
lignes.

Il est bien clair que si l'État profitait de la situation qui
lui est propre, pour amoindrir les frais de production, et,
par suite, avilir les prix, il porterait ainsi la plus grave
atteinte au principe de l'offre et de la demande et nuirait
visiblement au travail libre. Mais en est-il ainsi, et ne
sait-on pas la manière dont s'établissent les tarifs d'industrie proposés par l'entreprise, étudiés successivement
par les inspecteurs et directeurs des établissements,
soumis aux préfets, renvoyés par ceux-ci à l'examen de
la chambre de commerce la plus voisine, revisés par elle

et, finalement, arrêtés par le ministre de l'intérieur après avis du conseil des inspecteurs généraux?

D'autre part, n'est-il pas évident que si on proscrivait le travail des prisons, on supprimerait un certain nombre de producteurs et qu'on amènerait ainsi, au préjudice des consommateurs, une élévation des prix? Serait-ce juste?

Enfin, cette proscription du travail serait-elle, en réalité, autre chose que la suppression d'un certain nombre de producteurs au profit des autres? — Est-elle admissible et ceux qui la demandent inconsciemment oseraient-ils, mieux éclairés, y persister?

Les raisons économiques sont péremptoires, celles qui découlent des faits ne le paraissent pas moins.

En 1848, le Gouvernement avait établi, rue de Clichy, dans les anciens locaux de la Dette, un atelier national de tailleurs. La jeunesse des ateliers et des écoles s'était jetée avec enthousiasme dans les bataillons de volontaires récemment décrétés. On aimait se croire en 92. Les tailleurs de Clichy étaient, eux, des hommes de quarante à quarante-cinq ans, assez nerveux et très en colère, chaque fois que M. Ledru-Rollin envoyait demander l'équipement de la garde-mobile confié à leurs aiguilles trop lentes. Un jour, pleins de souci pour leurs camarades moins heureux, ils firent parvenir au Gouvernement de l'Hôtel de Ville leurs plaintes sur le chômage de la corporation et la concurrence que lui faisaient les établissements pénitentiaires de Paris. Une enquête fut immédiatement ouverte et l'on trouva dans les prisons de la

Seine·soixante tailleurs détenus en regard d'une population de quinze mille tailleurs libres. La question était jugée.

En 1872, lorsque la commission pénitentiaire de Versailles, qui a mis, nous ne cesserons de le reconnaître, tout son zèle et son honneur dans l'accomplissement de son mandat, fut arrivée à la question qui nous occupe, elle prit pour base de son travail l'année 1869. C'était logique; car, d'une part, les événements de la guerre avaient apporté, en 1870 et 1871, une perturbation complète dans notre mouvement économique et, d'un autre côté, l'année 1869 s'était trouvée une année moyenne au point de vue des échanges. Nous avons dit, dans le cours de cette étude, l'état souvent précaire du travail dans les maisons d'arrêt, circonstance qui a rendu souvent nécessaire, comme au 2 juillet dernier, le rappel des entreprises à l'observation sur ce point des clauses du cahier des charges.

Le travail plus assuré des maisons centrales devait, par suite, servir de base aux évaluations de la commission pénitentiaire. Elles s'exprimèrent par les chiffres suivants : le nombre des travailleurs dans ces établissements avait été, en 1869, de 16,059 détenus dont 4,151 avaient été employés aux services intérieurs, balayage, éclairage, meunerie, boulangerie, cuisine, comptabilité, bâtiments, jardinage, cultures, etc... Il est évident que ce n'est pas cet ordre de travailleurs qui peut faire concurrence à l'industrie libre. Il restait donc 11,908 détenus, employés à cinquante-neuf industries diverses, dont la plus considérable, celle de la cordonnerie, avait appelé les bras de 1,800 individus. Or, si l'on consulte les documents de statistique et le mouvement général du travail en France pour la même année, on trouve 91,051 patrons, 115,805 ouvriers et 2,240 employés, soit 209,106 cordonniers de profession à l'état libre, en regard des 1,800 cordonniers détenus. Les industries des prisons qui, après la cordonnerie, fournissaient, à la même époque, les effectifs de travailleurs les plus élevés, étaient la vannerie, le tissage et la profession de tailleur. On retrouvait proportionnellement le même écart numérique entre leur chiffre et celui des travailleurs libres. Que dire après une telle démonstration !

La concurrence résultant du travail des prisonniers est donc une concurrence infinitésimale et nulle par cela même. Mais en fût-il autrement et se trouvât-elle aussi réelle qu'elle est illusoire, il faudrait encore la subir comme une charge sociale, puisque l'obligation du travail pour les détenus est écrite dans la loi. Il ne saurait d'ailleurs nous déplaire de formuler ce sentiment, car nous croirons toujours qu'il vaut mieux éclairer les masses par une vérité qui les heurte que les égarer par une erreur qui les flatte.

Ici s'arrête notre mandat d'historien et de critique.

Disons, en terminant, que les deux omissions qui précèdent, seul grief opposable à l'exposition pénitentiaire, n'en diminuent pas en réalité la valeur. Elles atteignent moins encore l'œuvre collective spéciale au département de l'Intérieur, qui honore à la fois, à des degrés divers, le ministre qui la décida et celui de ses successeurs, dont l'esprit éclairé l'a si bien conduite, par des voies souvent difficiles, de son origine à son but. Qu'importent, après cela, pour qui sait l'humanité, quelques observations de détail ? A la guerre, dans l'art, les lettres, la science, partout, toujours, une haute conception a, pour suivante obligée, une petite critique.

Paris. — Imp. Dubuisson et Ce, rue Coq-Héron, 5.

www.ingramcontent.com/pod-product-compliance
Ingram Content Group UK Ltd.
Pitfield, Milton Keynes, MK11 3LW, UK
UKHW020650120726
13658UKWH00006B/1340